FLOWERS

—— THEMED ——

WORD SEARCH

PUZZLE BOOK

FLOWERS

```
O  P  F  A  C  Y  R  N  P  U  H  F  T  S  Q
P  R  X  C  L  O  V  E  R  B  H  O  X  C  X
C  R  S  C  O  L  U  M  B  I  N  E  S  A  L
H  N  G  I  S  C  I  Y  X  R  R  E  Z  E  C
S  R  S  U  F  S  Y  U  O  G  R  E  Q  V  V
A  J  F  O  R  G  E  T  M  E  N  O  T  O  E
P  T  C  S  L  G  P  K  Y  R  E  M  Q  L  H
O  D  I  R  C  O  C  K  S  C  O  M  B  A  U
N  P  L  W  R  E  W  O  L  F  S  S  O  L  F
A  T  N  Z  Q  R  H  M  U  T  A  R  E  G  A
R  E  W  O  L  F  X  A  L  F  O  V  W  U  Z
I  I  H  H  O  R  F  H  X  D  K  K  E  B  M
A  S  O  I  B  A  C  S  R  R  X  R  S  E  L
X  X  V  G  D  A  L  C  H  E  M  I  L  L  A
V  K  T  I  A  Q  X  D  S  F  F  L  K  Z  V
```

AGERATUM	COLUMBINE	SCABIOSA
ALCHEMILLA	FLAX FLOWER	SCAEVOLA
ALLIUM ROSEUM	FLOSS FLOWER	
CLOVER	FORGET ME NOT	
COCKSCOMB	SAPONARIA	

VEGETABLES

```
L Y C A H C Y N J L T C K Y C
Y Z R F D U A G B X Y S G L L
X L O O L V L Z B O U Q S V V
M R C H C S I K B R L I E H F
Z K R T W I T O O U D L K T W
O N X S O Q H E Z H Q B W R A
O L D R D J L C E L L Q C E A
J L L Q J R N G M B S R S H A
C G H I O B A B K S Q U A S H
O C P X T S F L A H N G Z B Z
R Q X N C A V G L R D I H B I
M H T R Y C M U E O L Q W W F
T M A C C Z K O Z P C H X O X
F A Y G P I E G T O T V O U J
D V T P O D T C B W Y S O K I
```

BEETS	KALE	TOMATILLO
CHICORY	KOHLRAB	
COLLARDS	KOHLRABI	
KALE	SQUASH	

FLOWERS

```
G Z X N G M Q V I K K T H X F
R G S I U I G S P L R C J J V
E A D S N T F E G N G D T G A
T F T A G E T E S W F S P F V
A P H A N T H U R I U M J Z X
K S M A I G R E B N U H T Y D
I V P G F N K N M K C F V T I
I I H F Z R O G Z B M G F H A
B Q X S T N A L P R E T S Y O
M U M R E P S O E T S O C X U
I Y E Z F D K P N G K B I K O
L A N J K N U C O T N E L R Q
F Q T M J E R M E E E A L N K
O G V T E L C X E S O R A E T
R P X Q H W T E I Z I Q A P J
```

ANGELONIA	SCILLA	THUNBERGIA
ANTHURIUM	SEDUM	
OSTEOSPERMUM	TAGETES	
OYSTER PLANT	TEA ROSE	

FLOWERS

```
K V Y Y K V Q N T V V C E S R
J F O X G L O V E P M K B L Z
G A A I G R E B M E R E I N B
M I M O S A I N Z Z Q M G M M
N A A D V I M Z N E W L K C A
H S L L I F Y S I A D D Q H W
M M T K I V D T W W L L N G O
I U E A I H T Y S R O F J N Q
M Q S M E A P G M C Z L O R V
J V E C B B A O L F M Q L O X
B G C K A Q K Y M D L H L A F
R M R T S R N I T E N H M X M
U M O K T B I B G A N S T C V
R L S C K T U R M O P Q C F C
Z M S Y P S H Z M F J U D B D
```

DAISY	MALLOW	NEMOPHILA
FLANNEL	MALTESE CROSS	NIEREMBERGIA
FORSYTHIA	MIMOSA	
FOXGLOVE	MUSCARI	

FRUITS

```
H G V H B R Z Y Q N U S H K M
D A W W B C W E D Y E N O H E
M O U B L I L J T K B O Z U W
Q G G L A X B R E P Z N Q Z P
L B L A C K B E R R Y K F U I
Q O I C K J A C K F R U I T V
Y J F K S X W X L M Y N G Q Z
F U R C A E W Y A Q N G N O K
O L U U P U R R Z K I K N O
A P I R O J H O Q R N X R Z E
P Y T R T K D S W J E Z Z D S
N R X A E G N A R O P B A D X
J H O N E Y B E R R Y H L Z H
F W Q T A M A R I N D R B U E
K C H F Y R R E B W A R T S M
```

BLACK SAPOTE	HONEYDEW	TAMARIND
BLACKBERRY	JACKFRUIT	UGLI FRUIT
BLACKCURRANT	MULBERRY	
FIG	ORANGE	
HONEYBERRY	STRAWBERRY	

FLOWERS

```
D E P A E H P M Y N S C T R J
H L F P M K L W R F Q R H W I
E F K N R Y L I H M J Z F V R
L U E K S I T A M E L C H B L
L E B W D Z X D S V M L O P O
E G K Z E P L I J S A A M E Y
B M U M E H T N A S Y R H C P
O U W A A D E C E N N K O U P
R N V I S S A L L E G I N X W
E P O R T O I L E H M A F M I
V P S L K Y R M J N J X V X V
F F S I A X R O Y H I T H W E
S C X E N N F Z B Q G U B O C
L D U G E J A Q V A S T M B W
L K M G V I A I F U J R R Y R
```

CHRYSANTHEMUM   HELLEBORE   NOLANA

CLARKIA   IXIA   NYMPHEA

CLEMATIS   IXORA

HELENIUM   JABOROSA

HELIOTROPE   NIGELLA

TREES

U T S U X O P B B C F J G L T
E O T T S V S G E X Z Q M L D
X E U Y U V C Z U D W U L B D
V C L P J N A P N A I C H A N
S L I P P E R Y E L M U A P B
C G P S P S L E K P R I M O X
Y W T A D O E K T I V K E P K
K R R S X D T R N T A A R O Z
Q E E S E J O F S Q U X I A B
E D E A Q S A C I G J B C A S
U M V F J J K H S U B D A H S
L A S R B L A C K W A L N U T
P P V A R B O R V I T A E A I
G L Y S F N Q M Z K M A L M S
R E W W K A O E T I H W M R S

AMERICAN ELM   RED MAPLE   SLIPPERY ELM
ARBORVITAE   SASSAFRAS   TULIP TREE
BLACK WALNUT   SCARLET OAK   WHITE OAK
BUTTERNUT   SHADBUSH

FRUITS

R I F G H W K B B G S J L G U
A C V F C Z N A D B V I D G T
S A N L B U R N X M U D R Z J
P I L N F D R U V A A J Z G P
B J C K I C D R D J V G B S N
E A Z A I I J Y A A I R P S A
D R K I R Y A I L M N Y O G S
L R Q H E A U K U S Q T K Q R
B Y E R T O M A T O O O X V Z
X F R T Y R R E B N O M L A S
F T C R A B A P P L E S F C T
I L P M E D K E H X M X I I O
P R D N A H S A H D D U B B Q
C J G A O W C R B G R J E C F
D Q S I Q M C D U E G Z L L P

AÇAI   CURRANT   RASPBERRY
BUDDHAS HAND   DAMSON   SALMONBERRY
CHERRY   DATE   TOMATO
CRAB APPLES   PEA

FLOWERS

```
L Y N J J A L E G I E W Z G X
Y S G S K T L I L U L M F Q Y
O J I G A C V Y J O N X R T N
E J E R L E R K Z N J H O U U
W M A R I G O L D O M P N B Z
Q E W E P H E U U V W J D W A
E P D A A E C A N I H C E C E
S Y O E X S C T S Z V P L V Z
E L F D L P R H U R J Y E E F
W P Q T D I L D I D M Y T W S
X O O I P F A A M U K B I B S
I A L L I V E D N A M D A M R
Y S K L R B G S V T H K T Q D
W P I F W V Z P O T M D F Q H
R W G X Z M T M S R X R B O N
```

DUTCH IRIS   MARIGOLD   WEDELIA
ECHINACEA   RONDELETIA   WEIGELA
ECHIUM   ROSE
MANDEVILLA   WAX PLANT

FLOWERS

```
E Y C J E R A N U N C U L U S
S S L U U B T K P D K A I O O
B K I I F I L I P C E U C T W
A T D S L C N I V Y E R J R Q
C I F Q P Y Q J T P A A Y U R
A B T Z X O A B T S D I F D O
N G Y N M A N D C H A N Q E C
E N H P A D L O N N Z L M L K
H S P E Y R G O C E P I U P R
Z F I P F K T T I E I L W H O
W R E S L M G S R H M Y K I S
F K T S O N A Y A N T M V N E
V U G Z W Q Z G Y B V T U I Y
X S V V E Y T I F A P K A U S
K G X L R L T N I I B P W M F
```

ASTILBE	DELPHINIUM	RAIN LILY
ASTRANTIA	MATTHIOLA	RANUNCULUS
DAPHNE	MAYFLOWER	ROCK ROSE
DAY LILY	MECONOPSIS	

FLOWERS

```
C Q Q K H A V E R B E N A D L
O S G B I Y I P S R E L X K F
H J G Q B C A S O O B T G K G
F O H Y I X X C E W R I H W R
M N W O S J W R I M A E X S K
R Q Y I C A R D I N A L B T Z
N U A V U S W H W E T J F U F
V I L B S M V H K V W H W V T
M L W Y A I S O L E C N L A T
J G A A N N I W M I D H A I E
P I L U T E I L J I W V X E J
K C Y C A S S O V K L M L G T
A K E O A N O I T A N R A C V
O A U F V Q C H K J M M E S A
H Q B Q B F Z D P B Y W H E C
```

CARDINAL	HYACINTH	TULIP
CARNATION	JAMESIA	VERBENA
CELOSIA	JASMINE	
HIBISCUS	JONQUIL	
HOSTA	TUBEROSE	

FLOWERS

```
L  B  A  P  I  K  V  P  L  Z  Q  V  V  B  N
Z  T  M  J  R  E  W  O  L  F  L  L  E  B  L
G  S  E  A  B  I  A  U  Y  P  M  D  I  L  I
B  G  L  M  X  E  S  O  R  T  R  E  S  E  D
V  R  A  A  M  A  R  A  N  T  H  U  S  X  M
E  W  N  R  R  U  L  G  Q  U  D  L  K  W  Y
L  S  T  Y  F  Z  S  L  E  B  V  V  V  G  O
U  W  A  L  H  K  W  S  E  N  Q  N  Y  C  K
V  B  N  L  H  K  R  K  Y  N  I  P  A  Z  L
N  J  A  I  N  O  G  E  B  L  A  A  H  O  J
N  K  M  S  D  P  E  L  J  J  A  I  N  C  R
L  N  A  D  X  S  U  H  T  N  A  I  D  Y  Q
A  A  Z  F  D  H  N  N  X  D  G  X  Q  L  A
K  Y  P  F  V  W  U  R  E  D  N  E  V  A  L
M  M  L  A  V  A  T  E  R  A  I  Z  W  Y  S
```

ALYSSUM	BERGENIA	LAVATERA
AMARANTHUS	DESERT ROSE	LAVENDER
AMARYLLIS	DIANELLA	
BEGONIA	DIANTHUS	
BELLFLOWER	LANTANA	

VEGETABLES

```
R  B  B  T  D  Z  V  H  R  M  Z  H  G  E  T
D  X  X  Y  O  Z  X  G  H  R  A  M  X  D  M
W  X  X  Z  R  O  I  H  I  U  C  M  E  V  K
S  P  E  P  P  E  R  O  T  P  R  R  U  R  A
I  U  O  O  Y  X  M  R  O  V  O  Q  P  M  R
L  S  G  T  A  O  I  F  E  W  O  S  K  J  U
K  U  F  A  Q  L  R  L  H  G  K  A  A  G  M
R  K  I  T  R  U  F  O  M  N  T  V  G  E
G  U  Q  O  W  A  G  K  C  E  I  W  Y  R
C  F  T  F  O  E  P  Z  U  O  C  X  G  A  D
Z  K  E  A  Y  O  L  S  M  R  K  O  P  J  B
P  B  V  W  B  G  U  N  A  N  A  S  R  N  D
D  H  S  I  D  A  R  E  S  R  O  H  F  B  S
V  L  M  S  I  X  G  D  J  Y  D  D  L  X  F
T  A  Y  F  I  S  L  A  S  E  X  B  I  O  H
```

ARUGULA	CROOKNECK	POTATO
ASPARAGUS	GINGER ROOT	RUTABAGA
BROCCOLI	HORSERADISH	SALSIFY
CORN	PEPPER	

Puzzle #14

FLOWERS

```
F N U H G T L X O N H G Y Q Y
Z G F L C K Z I G W W V U A W
K R N S O F D R T N W I Y X M
Z C S Z T G L I Q G I N O F X
G O A N O W E C T F C C R Y D
O N V I N M Y S G Z R A M S B
R E H P E J Z V N R B M W P B
K F N V A L Q N I R L I G X F
C L I D S N E A X B Y N G M D
A O J U T M S T D T U O R X R
O W F P E K B Y I Q U R Q F D
G E J Z R Y U W R R U R N A M
T R I L L I U M K E T H Z U R
L Q U W E Q Q W Y Z U R C A M
I O L T A X T V H X O M V G X
```

CONEFLOWER   COTONEASTER   PANSY

TRILLIUM   TRITELEIA   VIBURNUM

VINCA MINOR

FLOWERS

```
C V C S E H T N A R Y H P E Z
K S G J M I M O C G V Z Z N E
P S O N K I O T Q F F E X D C
R A G M Q O N L E U Q N M J J
N L T P W H K A C L Q O H K C
U H N R V W S K L E O B T R V
T L O I E I H V C O W I E N B
C W O M R W O Q L P B A V M N
C M V U C O O L L J J A R Z N
R G S L F R D L A Y D G T Y U
Y H X A S W D S F K C L N A Q
K B M C N W H Q I N O G Y O Z
P P F F U P R E D W O P N F B
W I D L O G I R A M T O P M K
M Z Z U X F E M W Q R J M B E
```

MINA LOBATA	POWDER PUFF	ZENOBIA
MONKS HOOD	PRIMULA	ZEPHYRANTHES
MOONFLOWER	VIOLA	
POT MARIGOLD	VIOLET	

VEGETABLES

```
Z  G  N  C  N  E  A  Y  P  T  M  N  Q  J  M
H  Y  Q  H  O  T  V  Z  O  V  O  L  V  B  L
Q  T  C  Y  Q  C  H  X  D  H  D  E  I  R  D
R  Z  I  R  I  I  F  G  I  S  C  E  V  O  A
K  T  R  Q  P  J  I  C  A  M  A  K  I  A  Y
S  P  I  N  S  R  A  P  U  X  B  S  O  D  N
R  A  E  O  N  T  T  R  U  X  B  Q  E  B  E
P  U  E  R  K  V  N  O  K  I  A  D  M  E  N
L  A  M  P  U  D  P  G  M  O  G  S  N  A  U
D  S  V  G  W  I  K  Y  D  A  E  Y  E  N  S
C  T  S  N  H  O  F  D  Y  R  T  M  T  S  Y
V  V  L  T  U  R  N  I  P  D  A  O  M  S  P
Z  L  Y  N  G  M  D  S  L  X  Y  V  X  H  O
Z  R  F  E  B  O  Y  C  A  P  C  D  X  X  S
T  B  A  V  G  D  J  Y  Q  B  V  S  Z  F  W
```

BOK CHOY	JICAMA	SNOW PEAS
BROADBEANS	LEEKS	TOMATO
CABBAGE	OKRA	TURNIP
DAIKON	PARSNIP	

PARTS OF A FLOWER

K N L U K L A T S D Z A E N P
G M J P H L E M F E N Q T F O
G J J S L B N J G Z P E T A L
U R W G I X H W N I O A K R L
H J Q N Q X L Z H Z T F L H E
Z T R Z O E W K C N P S L O N
X K I C D J N M M F U D U R F
D B C C D M V D N D E T H T J
Y J K R M T M N B D M N L T Z
N D I E S H Y A C Q V R D L U
A G U P V B A Y I R R A H X G
E C O R O B K W F G H C F U P
Y Z V L N P F E D L R V R S V
W A K F L Z K B U E D I F F J
U H U G F S X Y J I B N W Y Z

PETAL   POLLEN   SEPAL
STALK   STIGMA

Puzzle #18

FLOWERS

```
L G P S K U D U O Y W L I M X
Z E E N O M E N A Y P P O P G
M X A R M E Q L J A Q N Z M T
R A R D N O H C I D R K C F D
D C A I C S A I D W O I Z L C
O A P O L Y A N T H U S D X T
E L K C U S Y E N O H Q S X M
I F A I S E M E N L S V W Z I
W M S H Q D A O T K F G H P C
R W K O E S U S S I C R A N Q
A T C O P I G Z F E I G C O J
K C O H Y L L O H O N E S T Y
A X T S M U I T R U T S A N D
S P O I N T S E T T I A M D V
F S E T E I D J G X Z I C A D
```

DIASCIA
DICHONDRA
DIETES
HOLLYHOCK
HONESTY

HONEYSUCKLE
NARCISSUS
NASTURTIUMS
NEMESIA
POINTSETTIA

POLYANTHUS
POPPY ANEMONE

Puzzle #19

VEGETABLES

```
M  P  G  C  B  F  X  W  Z  E  I  L  P  K  D
R  U  L  L  Z  A  F  N  I  L  C  J  P  E  O
E  V  S  J  K  T  O  X  C  E  E  O  R  D  F
K  E  R  H  E  H  O  J  T  E  O  N  B  W  X
P  A  T  E  R  K  K  O  E  R  Z  K  N  Y  N
L  E  V  O  W  O  O  A  R  O  H  Z  C  E  F
E  H  F  A  Y  O  O  H  K  W  I  A  E  G  F
T  L  X  P  S  A  L  M  C  H  O  F  L  G  F
T  U  B  V  G  S  H  F  S  I  D  R  E  P  Y
U  J  S  E  W  A  A  C  I  Y  T  E  R  L  Z
C  E  K  X  W  G  J  C  B  L  J  R  Y  A  O
E  T  U  I  R  V  X  F  D  U  U  P  A  N  K
Q  X  P  C  D  Z  V  R  A  L  V  A  O  T  T
R  T  B  J  Q  U  Y  L  Y  S  Q  T  C  J  M
O  J  I  U  S  L  R  A  G  O  X  O  M  M  L
```

ARROWROOT	CELERY	LETTUCE
ARTICHOKE	CHAYOTE	MUSHROOMS
CASSAVA	EGGPLANT	
CAULIFLOWER	FENNEL	

FRUITS

```
F O O X O X V R J W T G B T Y
H D Z E P I N E A P P L E Y Z
L B O T P Y F U P E F R F S Z
A K W X I M R O A H P Z E F V
M M E V D U Q R N E Z K Q W V
M A A E N U R P E J R Y W K Y
Y C R A M J J F S B R O S C T
D R M I V C U N E Y A Y Z W G
B U R N O A J D P P S T L B O
J D E E O N U P L U A P S P T
S R Y P B L B G U N E R G O G
L D O S E E E E M D F Z G H J
N Y M B S P N M R R G B C K A
A F Z F R B P I L R N Z C X G
A V U Y X Z G N P X Y H B Z I
```

GRAPEFRUIT	JUJUBE	PINEAPPLE
GUAVA	MARIONBERRY	PINEBERRY
JAPANESE PLUM	MELON	PRUNE
JOSTABERRY	PEAR	

FLOWERS

```
P V Z S H Q Y W F B Q V J A L
G G N W B W A U H A Z L A M C
O E Y S R A J E V S L B I Z J
U X E L W E I A P P P Q Q A P
W L A N I B W N E T V H N D A
U J A W E L W O O T E Z P R E
M T F J N L L Q L S S E L T F
L R K Z K C I A X F T C W Z P
Y H I K S H A S T A D A I S Y
B N K L Y Y A Y L N R N W L R
S D B A C Y L I L R E T A W C
S B S V J O O O R C H I D W Z
Y X E R C V F W I S T E R I A
W F X T E L O I V Y L L O O W
J E T Y F T I Q O S P Q Z P M
```

ORCHID	SWEET PEA	WISTERIA
ORIENTAL LILY	WANDFLOWER	WOOLLY VIOLET
SHASTA DAISY	WATERLILY	
SILENE	WATSONIA	

FLOWERS

```
S  U  C  H  K  K  L  E  Q  L  R  Q  K  U  H
Q  M  Y  M  F  H  B  D  N  W  A  O  Z  H  N
N  V  I  P  U  P  M  I  D  I  X  J  L  O  D
B  H  B  Z  P  T  E  D  D  M  R  P  Z  L  L
A  C  U  C  K  O  O  F  L  O  W  E  R  A  M
G  I  D  F  U  V  P  P  C  Z  L  E  N  A  F
M  K  D  Z  C  Y  N  D  J  R  G  L  R  M  K
V  X  L  R  A  P  A  I  N  S  D  I  L  J  R
V  Q  E  O  A  B  M  U  C  A  A  M  E  C  Q
T  E  J  L  V  V  J  Y  C  O  L  B  K  K  W
T  W  A  S  I  I  U  M  G  A  T  E  P  E  N
U  U  W  B  S  U  C  O  R  C  D  I  C  G  N
Q  Z  Q  C  O  E  W  A  B  I  Q  R  A  I  N
Z  H  B  L  F  Z  D  O  P  P  X  D  D  N  T
B  I  T  N  A  L  P  E  C  I  K  E  R  C  A
```

BOUVARDIA	ICE PLANT	NERINE
BUDDLEJA	ICELAND POPPY	NICOTIANA
CROCUS	ILEX	
CUCKOO FLOWER	NEPETA	

FLOWERS

A	B	Y	K	G	G	E	W	I	T	B	A	Y	T	A
Y	I	C	R	B	A	T	I	X	R	E	U	G	B	O
O	I	S	S	O	A	C	U	W	Y	T	J	D	W	Q
P	C	O	O	U	L	B	A	Y	K	H	I	X	R	Q
F	A	U	G	L	T	G	Y	L	E	R	A	V	J	D
P	V	I	E	T	E	O	G	S	U	C	B	R	V	S
Q	V	R	K	D	U	C	L	N	B	T	N	Y	C	L
G	X	B	E	C	N	O	E	D	I	R	R	I	K	X
X	T	U	L	T	E	J	Z	M	A	N	E	O	U	U
Q	W	K	S	R	S	B	L	M	U	H	R	A	P	Q
G	I	O	H	V	H	A	D	F	K	L	V	O	T	B
A	W	I	E	V	M	O	P	U	Z	J	P	R	M	H
Z	M	F	I	B	U	T	V	F	R	U	Y	R	O	I
K	D	T	Q	Z	G	X	Y	Y	K	C	O	X	R	U
A	G	U	H	H	O	H	M	G	E	W	W	V	M	R

ASTER	BABYS BREATH	LOTUS
MORNING GLORY	PLUME CELOSIA	PORTULACA
QUINCE	RUDBECKIA	

FRUITS

```
K  J  Q  U  W  E  X  Z  V  K  H  U  O  S  E
S  B  U  F  E  F  Y  D  P  G  A  A  F  O  C
K  Y  H  D  Z  O  M  S  T  C  E  L  M  H  U
Q  V  N  H  B  G  Y  R  R  E  B  N  A  R  C
W  B  E  I  S  T  I  U  R  F  R  A  T  S  U
R  E  N  X  K  A  Q  K  W  T  O  X  X  W  M
B  L  J  A  G  P  U  W  I  Q  O  M  F  S  B
J  L  B  E  C  Z  M  Q  X  C  G  Q  H  N  E
Y  P  A  J  O  A  M  U  S  T  A  S  L  H  R
J  E  U  V  C  Q  F  G  P  K  C  W  V  T  B
Z  P  F  B  O  H  P  K  R  M  F  R  C  U  G
Q  P  V  P  N  C  S  X  A  J  X  G  L  T  E
X  E  U  Z  U  Y  A  G  D  I  S  K  J  J  J
Q  R  W  V  T  E  P  D  J  O  X  Y  S  Q  H
A  N  S  J  T  U  Z  Z  O  X  K  E  P  M  L
```

AVOCADO	CUCUMBER	SQUASH
BELL PEPPER	PUMPKIN	STAR FRUIT
COCONUT	SALAK	YUZU
CRANBERRY	SATSUMA	

FLOWERS

```
B P W W T V C J O I F K Y U U
O Y I H A I P E J G S V T K J
A M S M L L G L B P E X G Z U
D E V I S O L E V X D P M Y E
Y D Q X A Z Q F R I X G C Z B
Q W D M R D R D L F O Q Z O G
T A L W F S D H M O L Q O R K
H J N Y T V X E T L W O I P T
N A K V I Q N N T C X E W I W
R X M D Y W Y X D N Y K R E G
Q E E O X E Y E D A I S Y T R
W Y H E Z R K E E S D A U R U
W P B W A T Z O W D M I P J N
A J J W J C W F U J E U I I A
N B R A X D F P B B M L B N C
```

OX EYE DAISY   PAINTED DAISY   TIGER FLOWER

WALLFLOWER

Puzzle #26

FRUITS

```
P  B  J  N  Q  Z  X  Q  Y  X  M  S  T  W  L
F  L  R  T  G  D  C  K  V  P  F  C  A  V  Y
Y  R  R  E  B  E  L  K  C  U  H  N  M  T  M
E  X  C  L  O  U  D  B  E  R  R  Y  W  T  A
L  W  D  T  Y  N  J  U  U  T  N  N  D  E  V
D  V  B  X  S  T  I  U  R  F  O  C  I  H  C
E  Z  O  D  E  D  S  S  Z  I  D  A  H  S  D
R  G  U  A  N  I  Q  B  I  R  A  A  A  L  O
B  C  R  M  B  C  K  L  O  A  L  N  T  L  E
E  J  L  G  E  T  E  B  D  J  R  J  N  W  Z
R  L  Y  R  R  E  B  E  U  L  B  X  N  Q  F
R  Y  P  A  R  D  O  E  K  I  B  O  K  K  I
Y  T  Z  P  Y  Z  X  Z  M  A  N  Q  X  K  S
E  P  C  E  A  Q  R  U  P  Q  R  Z  D  E  H
Z  H  I  V  Y  X  I  A  B  D  P  O  S  O  S
```

AKEE	CHICO FRUIT	GRAPE
APPLE	CLOUDBERRY	HUCKLEBERRY
BLUEBERRY	DURIAN	RAISIN
BOYSENBERRY	ELDERBERRY	

FLOWERS

```
V  S  A  A  W  T  C  M  D  K  L  Z  A  V  A
F  N  N  Q  V  X  K  J  C  P  I  F  Y  W  J
R  I  E  D  T  W  A  H  G  D  S  I  U  G  W
N  E  M  A  L  C  Y  C  R  R  I  A  W  F  G
L  M  O  F  I  P  O  M  O  E  A  D  Z  P  T
L  P  N  F  R  L  U  A  F  Y  N  T  U  C  G
Z  I  E  O  I  N  H  U  I  Z  T  L  J  F  E
F  X  A  D  S  W  O  A  I  N  H  V  Z  S  M
S  G  O  I  Q  F  F  G  D  H  U  B  N  H  V
J  K  T  L  L  T  Y  T  A  B  S  T  G  A  Y
L  X  K  C  H  E  W  M  W  D  L  E  E  P  V
W  P  S  O  N  P  B  D  I  V  I  U  M  P  F
O  U  I  Y  T  Z  E  O  H  Z  D  L  M  J  X
N  S  P  E  E  D  W  E  L  L  G  E  O  Y  Z
N  A  E  T  N  C  B  E  M  X  T  X  V  S  V
```

ANEMONE	IRIS	SOLIDAGO
CYCLAMEN	LISIANTHUS	SPEEDWELL
DAFFODIL	LOBELIA	
DAHLIA	PETUNIA	
IPOMOEA	PHLOX	

FRUITS

```
T  S  T  T  I  U  R  F  N  O  I  S  S  A  P
K  D  X  V  R  D  D  R  E  C  N  I  U  Q  V
I  R  U  L  L  H  K  A  S  H  H  M  J  T  E
L  X  T  U  C  V  Z  I  N  E  H  L  K  J  B
L  T  A  U  Q  O  L  F  W  R  P  V  P  I  F
N  I  I  A  Z  D  A  Z  X  I  H  N  Y  Y  T
U  K  U  U  V  G  X  Y  A  M  F  L  H  W  Q
Z  P  I  N  R  O  D  U  F  O  J  R  V  I  Z
P  X  W  Z  P  F  C  D  Q  Y  J  S  U  W  X
V  M  E  R  B  A  N  A  N  A  Y  I  Q  I  Y
X  E  R  P  H  Z  U  O  D  A  G  J  E  D  T
V  V  X  N  S  I  I  F  G  O  G  C  Y  F  W
P  E  R  S  I  M  M  O  N  A  G  N  O  L  H
F  V  B  A  S  W  G  H  N  X  R  X  M  E  X
R  R  P  B  I  F  B  M  B  K  Q  D  V  N  V
```

AVOCADO	FEIJOA	PASSIONFRUIT
BANANA	KIWIFRUIT	PERSIMMON
CHERIMOYA	LONGAN	QUINCE
DRAGONFRUIT	LOQUAT	

FRUITS

```
V  M  X  C  B  N  R  Y  S  Z  Q  W  N  S  G
Y  L  O  S  S  H  U  G  A  D  O  B  L  A  W
O  U  S  T  E  T  O  P  A  S  E  T  I  H  W
I  L  N  P  S  Z  W  O  B  K  R  K  Q  D  Q
P  W  L  I  T  C  U  C  U  M  B  E  R  U  S
Y  U  H  I  A  U  Q  M  T  D  P  L  D  Q  V
W  X  G  Y  R  T  E  E  A  G  I  E  C  A  Z
O  S  P  O  A  A  N  N  R  N  S  X  S  F  U
A  M  M  H  P  N  M  A  I  W  D  A  N  G  U
O  E  N  G  P  N  B  A  L  R  W  Y  N  F  A
Z  O  M  O  L  Z  W  Z  T  P  A  S  A  X  V
R  I  A  K  E  T  P  L  U  M  G  T  N  J  F
U  A  H  C  Q  B  D  K  V  D  I  G  C  S  Q
T  N  A  R  R  U  C  E  T  I  H  W  E  E  L
N  Z  N  V  R  G  U  P  A  E  P  T  S  B  N
```

CUCUMBER	PLANTAIN	WHITE CURRANT
EGGPLANT	PLUM	WHITE SAPOTE
NANCE	STAR APPLE	
NECTARINE	TAMARILLO	

Puzzle #30

TREES

E P S C L E Y W D L A F E V B
S J M S Y U S C V H A C L B B
P V H H Q G P E M C C F B P A
K A O K C A L B L A C K A S H
I K N O H R R N U P D H H K N
T E E V V K I N B S A S E Q T
O J Y Y K R J B Y S B M V Q D
V E L O I N E J W D K Y E O J
G R O F Z A W W H O V H I H H
K Y C B F L V I G L L E G K T
D L U R G V J S R S Y L F T L
J X S H A R R W B D X T E I J
G X T I C P F V X L E Z K Y D
D O F X H W M Y V B X K F J R
C Z F L U Z U U X W J Q I X X

BLACK ASH   BLACK OAK   HONEYLOCUST
THE MAPLES   YELLOW BIRCH

FLOWERS

R J D B P C A L E N D U L A G
M E O Y Q B V F V B S X K D L
L M H Q B U E B K F E S N M A
N S U T S T A E R P A H I V D
G G S P A T T Z B T X M P C Y
K Y Z P B E Z M R A Z S H U S
T O P R D R H B A L L O O N S
K L L S F C I F V G V M F D L
S E E K O U O Z J E L O I H I
C M Y K W P G R V D R Y A X P
F D P E V I H G W S R L C O P
Z A Z J F L T I T B V I V L E
E S C Q V I Q Z L I V P K S R
Y A M C B Q G O I A V W H G B
E S N H M O P T Y A A I Z J E

BALLOON

GYPSOPHILA

KOLKWITZIA

BEE BALM

HEATHER

LADYS SLIPPER

BUTTERCUP

HEBE

CALENDULA

KNIPHOFIA

Puzzle #32

FLOWERS

X D C Q M N A P Y H O R H T S
H M Z M M C C C N X T M B P F
D B C T H P O O I E R E N M D
L L N Q K F S R S R L W T J U
T A A O B Q M E A N E C M U M
J Z I A R P O O C L V A V J N
X I R R M E S P B F B C L Q G
L N R H A O G S A N M E X H H
G G E W U N T I C A A B L E W
A S Y H Y B U S R H G W X L W
X T G S J U D L U E N D X Q S
S A K U E L R D U E O O B F N
M R X D I X M F W P L X H W A
G Y V H V S T D D H I W H C P
K Z E N I Z N K E S A N S H V

BLAZING STAR   ERICA   LUPIN

CORAL BELLS   ERIGERON   MAGNOLIA

COREOPSIS   EUSTOMA

COSMOS   LUNARIA

TREES

```
Z  E  C  H  H  I  Q  L  Q  V  I  U  K  W  B
H  T  L  H  B  S  A  J  O  A  G  R  R  A  P
J  R  V  K  E  K  U  U  D  F  S  J  E  K  R
W  N  I  M  I  S  F  G  Q  B  E  R  Q  I  E
W  O  F  F  Z  O  T  X  A  E  F  K  R  Z  D
N  Z  L  T  M  K  K  N  L  R  N  K  T  O  S
R  B  M  L  D  A  H  P  U  E  M  W  X  C  P
B  M  O  F  I  O  S  A  Q  T  M  A  D  Y  R
E  G  N  U  A  W  O  L  W  C  O  A  P  Q  U
O  S  P  E  Y  T  K  W  A  T  P  A  T  L  C
P  J  X  E  H  C  G  C  S  B  H  S  K  K  E
D  F  B  W  H  I  T  E  A  S  H  O  B  I  X
O  U  G  Q  T  H  O  B  P  L  A  O  R  Z  E
O  H  H  N  R  E  A  N  V  W  B  B  D  N  O
A  W  H  I  T  E  S  P  R  U  C  E  P  D  K
```

BALSAM FIR	HAWTHORN	WHITE SPRUCE
BASSWOOD	RED SPRUCE	
BLACK WILLOW	SUGAR MAPLE	
CHESTNUT OAK	WHITE ASH	

FLOWERS

```
C T A B Z Z W E U A G V W Z D
S M S E A O K K G H I C G X T
C Z Q G Y I T Y L T K N T C A
U Y G Y A U M Q J C B E B O S
D J R A S I T L A F V A P N N
K K H R R I M K A S M T P O G
Z A D L E D A S C K E F X T A
P G F I L B E D O I V I C U I
M K F F V E R N N C X M J Q L
U P E M I E B E I A O Y M W L
N C N H P R T E T A C R V T A
A J S E R F L Z U N A I C Z R
V J A L I E I I M L I S R T D
U V V H B Y G N L D B W P F I
V M E E Q E C T B Y U N J E A
```

ACONITUM	GAILLARDIA	WINTERBERRY
AFRICAN DAISY	GARDENIA	
BLUEBELL	KAFFIR LILY	
CROCOSMIA	KALMIA	

VEGETABLES

```
S  G  G  P  T  V  L  E  T  A  W  C  I  U  B
E  T  R  J  P  M  I  K  Q  Y  C  W  A  E  B
O  L  O  E  G  X  T  C  S  G  F  D  H  J  S
P  R  N  O  A  V  J  O  A  A  Q  X  G  F  P
N  D  L  O  H  A  B  R  R  I  Q  P  L  I  K
I  Z  S  L  L  S  N  W  H  R  R  X  B  D  U
X  I  M  H  C  E  O  B  G  I  A  E  E  D  W
C  N  K  V  D  T  M  O  E  S  W  C  L  L  P
B  H  L  H  Z  Y  Y  R  B  A  D  I  M  E  U
K  Y  E  M  A  M  A  D  E  M  N  F  B  H  C
E  U  X  W  O  N  D  C  W  T  A  S  T  E  U
N  M  F  U  O  E  K  X  R  P  T  B  M  A  K
A  E  F  J  Q  G  I  Q  N  I  Y  I  Q  D  X
L  N  U  I  J  O  B  J  V  P  B  Z  B  S  T
Z  W  X  G  S  P  R  V  T  L  K  Q  L  N  E
```

BAMBOO SHOOTS BITTER MELON CARROT

CELERIAC EDAMAME FIDDLEHEADS

GREAAN BEANS

FLOWERS

```
W P U B I N C C X N X P Y O I
H A A U Q V Z A Z I L T V F B
Y M Q L U J V A M E B T F U F
D L S S W V F O P B E G Y R
R D I C U T V A A W A K R B E
A C L L I H R A K I Y N M I E
N J E M A R T O F F K D U P S
G A G I D L E N E A T O G L I
E A I P G O L P A M U A H V A
A L A H D M V A Y P E J I B I
T M H V C U B O C H A R N J W
P N G N Q S V C C S G G I A D
E Z A C M C U N O L D W A A F
A Y T P T V C F L P J N O N B
K Z I D Y Q R P P B M D Z O V
```

AGAPANTHUS   CAMPANULA   HYPERICUM

ALSTROEMERIA   FREESIA   IBERIS

AQUILEGIA   FUSCHIA

CALLA LILY   HYDRANGEA

FRUITS

```
F V A B A C I T U B A J Z N S
C M S A Z H Y Q I E X S G O T
C O K X H I C E W P O F S D G
A I R A K L R A A T N X Y H S
O Y X N E I U U E L K N D T X
Z Q A U K P T B B P Z L L O A
B T V P K E U U M E K Y C X V
G V S T A P R O J A X C E A J
V L V A E P O N L I J H W L Z
Y O L I V E L H E A R E L O Y
G X P O S R U O S L T E O K W
A H D K Z F C U W F H N G L L
O Z P L U M C O T Y O Y A X R
B F E C O U R P Q B C G N C U
R T X K O E U W K U Q R C H T
```

CANTALOUPE	JAMBUL	PEACH
CHILI PEPPER	LYCHEE	PLUMCOT
CORN KERNEL	OLIVE	SOURSOP
JABUTICABA	PAPAYA	

Puzzle #38

PARTS OF A PLANT

```
R  U  B  I  M  F  N  X  I  M  R  R  K  B  O
M  R  W  Y  W  S  R  Y  Z  Z  F  W  E  U  P
Z  X  F  G  F  S  I  D  A  X  F  I  S  D  W
H  E  F  Z  Z  V  G  Q  P  V  I  I  Q  M  D
H  T  P  E  S  L  W  B  Z  E  Q  Y  I  D  B
B  U  T  A  B  B  M  S  C  Z  V  H  J  I  Q
M  T  Y  N  E  O  M  E  B  S  X  G  W  C  T
R  L  V  S  P  R  O  U  T  X  Q  F  Q  L  P
E  E  R  E  O  X  S  L  E  S  P  M  J  D  K
S  V  P  E  Z  N  R  N  N  Z  J  Q  L  I  P
M  R  D  D  W  Y  F  N  K  F  L  O  B  J  G
M  S  F  D  Q  O  R  A  W  R  K  G  Y  M  Z
I  E  Q  X  F  E  L  R  E  Q  W  G  B  B  T
W  J  O  W  J  V  U  F  E  L  W  Z  M  Y  L
X  V  K  B  H  A  K  N  D  B  L  N  M  H  B
```

BERRY	BUD	FLOWER
LEAF	SEED	SPROUT
STEM		

FLOWERS

```
O Y T F D D O X A N J A A P N
M A R E S O R D L I W I R E N
L T W Z L Q I P A I R A A R K
N T Q M Y O Z V X R L A S U H
S B N W I C I Q M Y Y I N V R
W U N R V Q Q V D J L Y L I L
P W N W E V T N D Z G G O A L
S U K F A W B S O L X T K N C
B T V A L S O B X R I A Y L X
N J A G K O N L Q T X W Q I U
W Q L T X Y W S F W L G A L V
J D J U I S N E B D U A E Y K
A C X V L C P O R D N U S Y C
L Q S O K K E O E R A I X Y T
S S Q J Z F C L H P K Y W M M
```

LILAC	PERUVIAN LILY	WILD ROSE
LILY	STATICE	WILD VIOLET
LINARIA	SUN DROP	WINDFLOWER
PEONY	SUNFLOWER	

PARTS OF A TREE

```
L A T N G U E J L R L Y M S R
R A H J L S C V L F Z X H A P
Q G K W C B I G D Z X K K D U
P T M M O H S O M T M T A F N
S N G J A O C P F M Y Z O J Y
S D N T H O R N K R F O M P D
O A I A B C Z U A R P L Q R K
V Y G D F D Q L K R A U X C P
H S F R E T A M O L B B N L I
G H G K I N C P S G N I R M M
S H Y F Y R O A F B V I O K Z
N F O W C E C Z J Z I T O S O
A V J V J V N E K N U R T N P
N X M Y B L H W J A S L F P W
F A D D J P E V G S P B G H X
```

BARK	BRANCH	LOG
RING	ROOT	THORN
TRUNK		

FLOWERS
Puzzle # 1

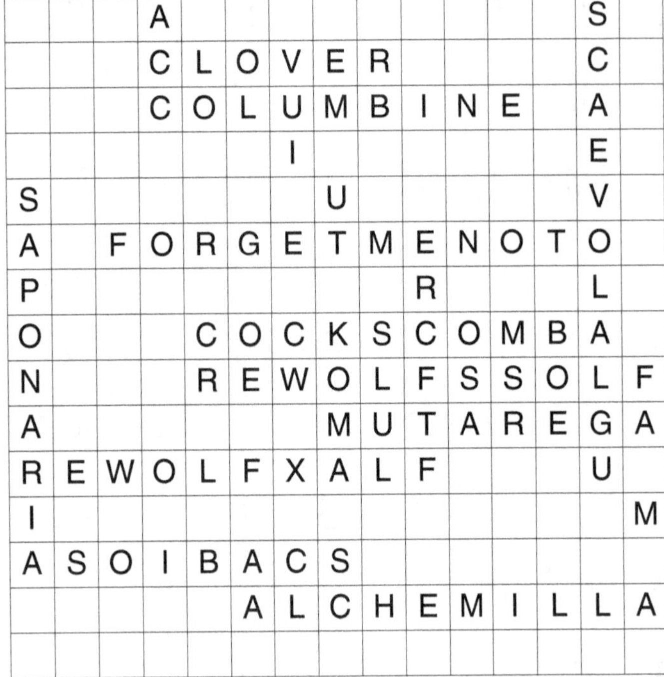

VEGETABLES
Puzzle # 2

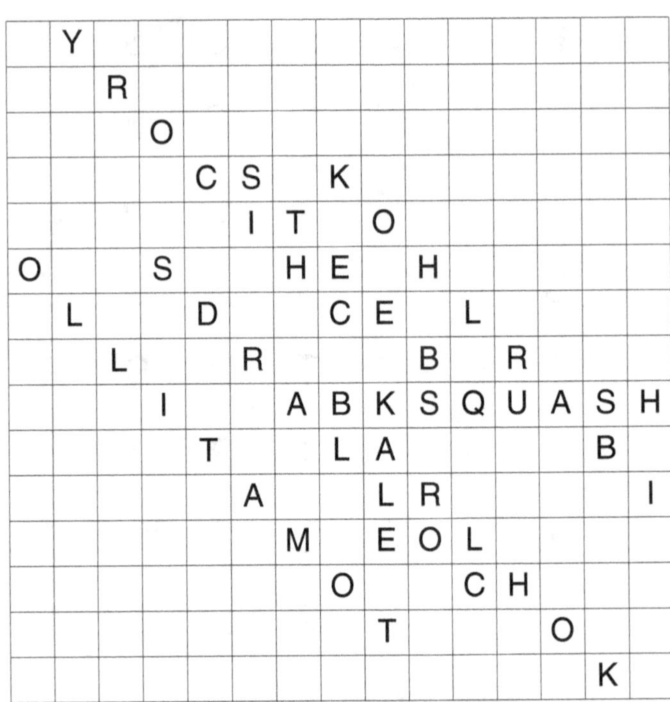

FLOWERS
Puzzle # 3

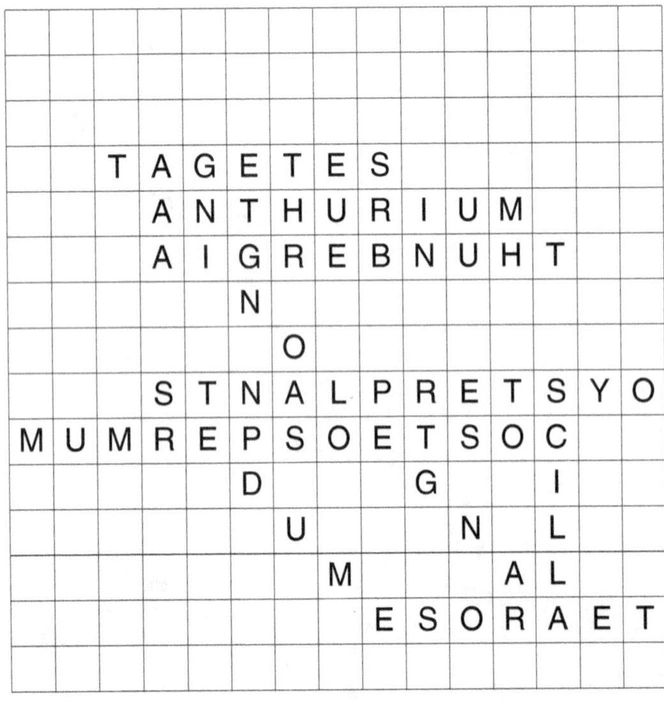

FLOWERS
Puzzle # 4

FRUITS
Puzzle # 5

FLOWERS
Puzzle # 6

TREES
Puzzle # 7

FRUITS
Puzzle # 8

FLOWERS
Puzzle # 9

```
            A L E G I E W
  S
    I                         R
    R                         O
W M A R I G O L D             N
E W       H                   D
    D A A E C A N I H C E      E
    E X     C T                L
    L P     H U                E
    I L     I D                T
    A A     U                  I
A L L I V E D N A M            A
        S     T
        O
        R
```

FLOWERS
Puzzle # 10

```
    Y       E R A N U N C U L U S
    S L         B
    I I         L
A     S L         I         R
    I       P Y         T       A       R
    T       O A         S       I     D O
        N M A N D           A N       E C
E N H P A D L O             L       L K
        Y R     O C         I       P R
        F     T     I E     L       H O
        L         S     H M Y       I S
        O             A     T       N E
        W                 T       I
        E                     A U M
        R                         M
```

FLOWERS
Puzzle # 11

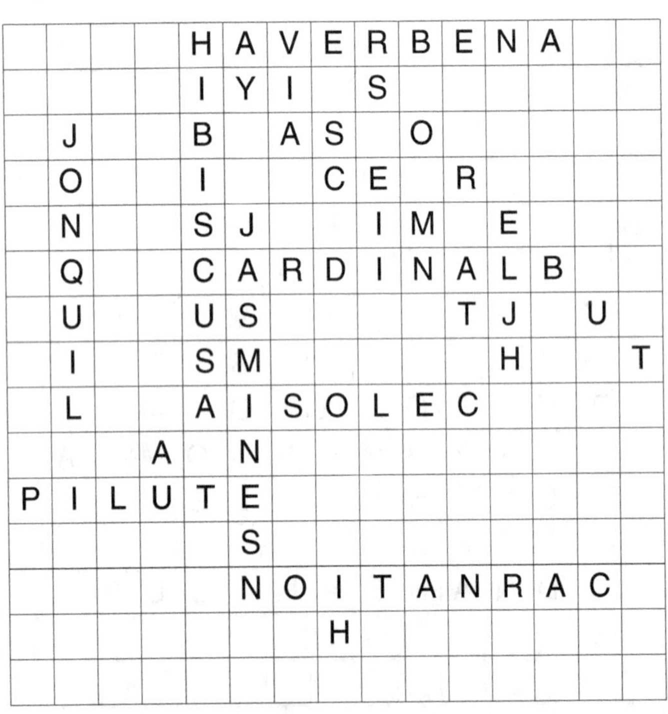

FLOWERS
Puzzle # 12

```
```

VEGETABLES
Puzzle # 13

FLOWERS
Puzzle # 14

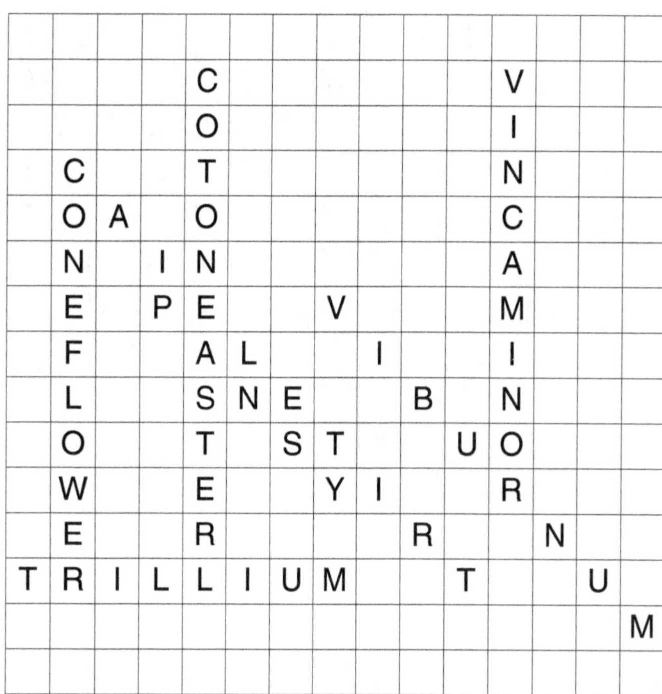

FLOWERS
Puzzle # 15

VEGETABLES
Puzzle # 16

PARTS OF A FLOWER
Puzzle # 17

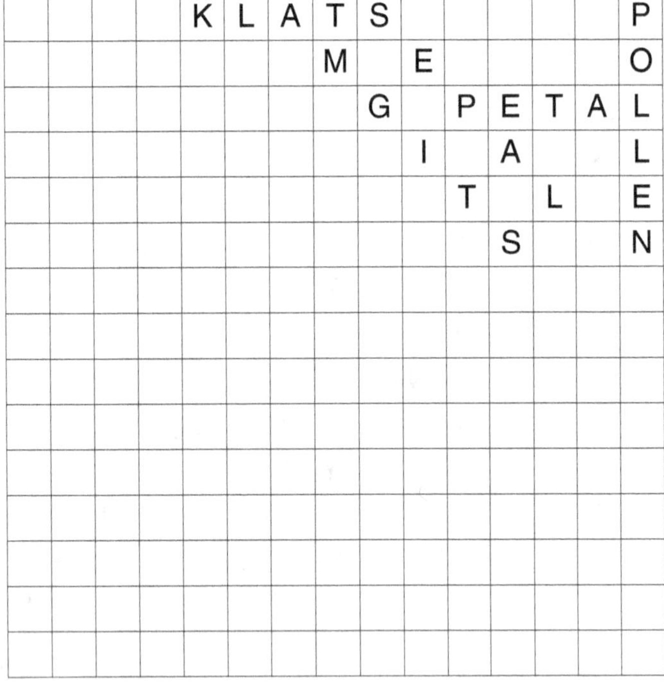

FLOWERS
Puzzle # 18

VEGETABLES
Puzzle # 19

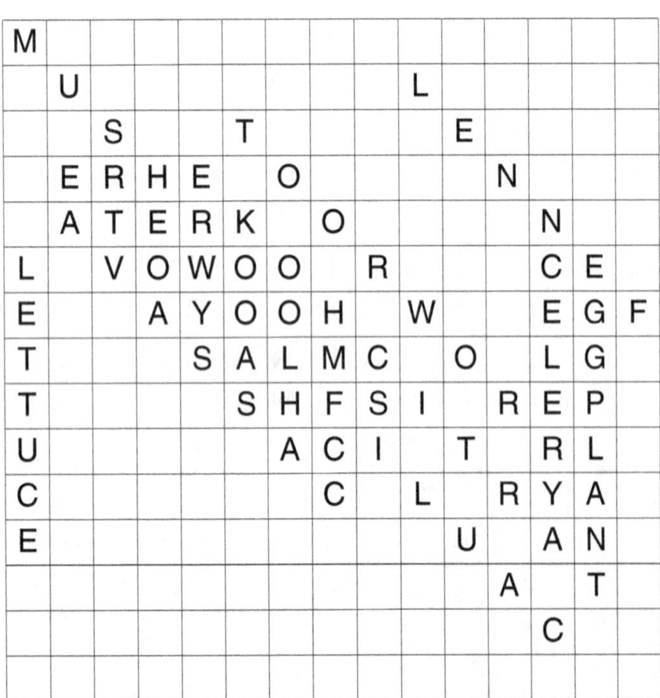

FRUITS
Puzzle # 20

FLOWERS
Puzzle # 21

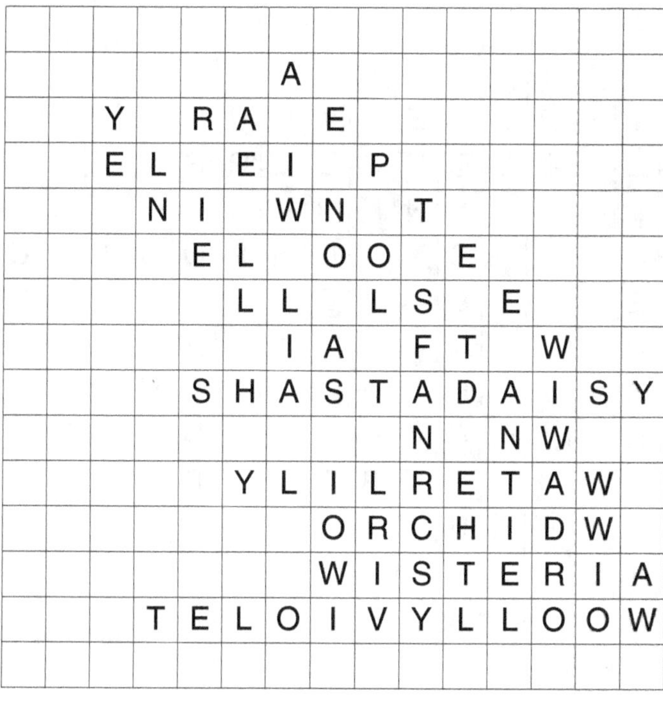

FLOWERS
Puzzle # 22

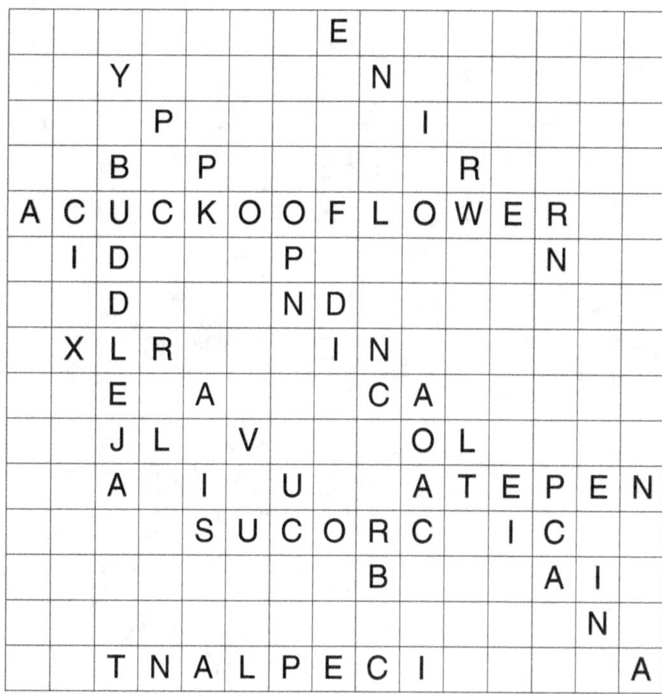

FLOWERS
Puzzle # 23

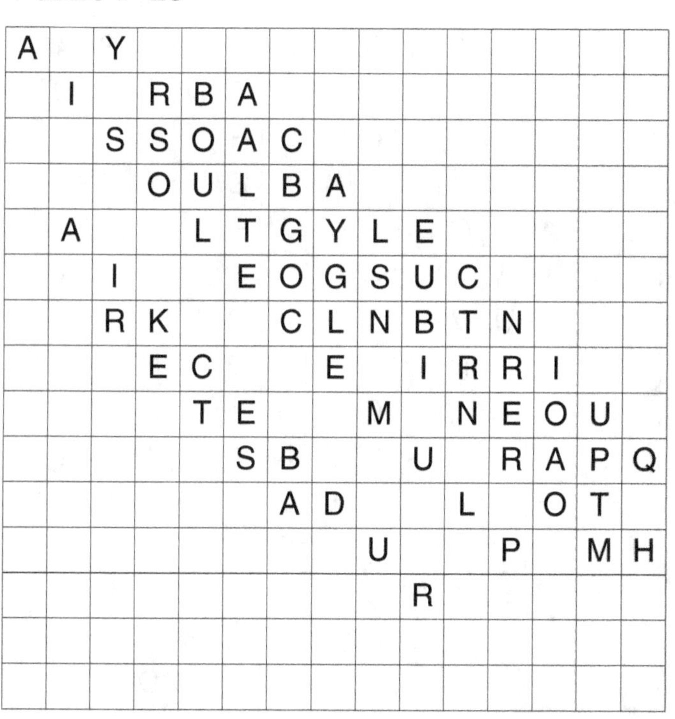

FRUITS
Puzzle # 24

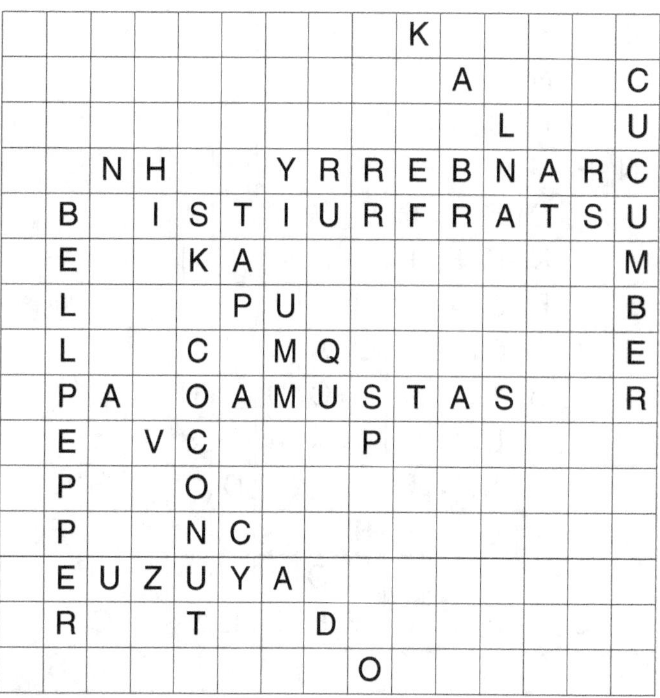

FLOWERS
Puzzle # 25

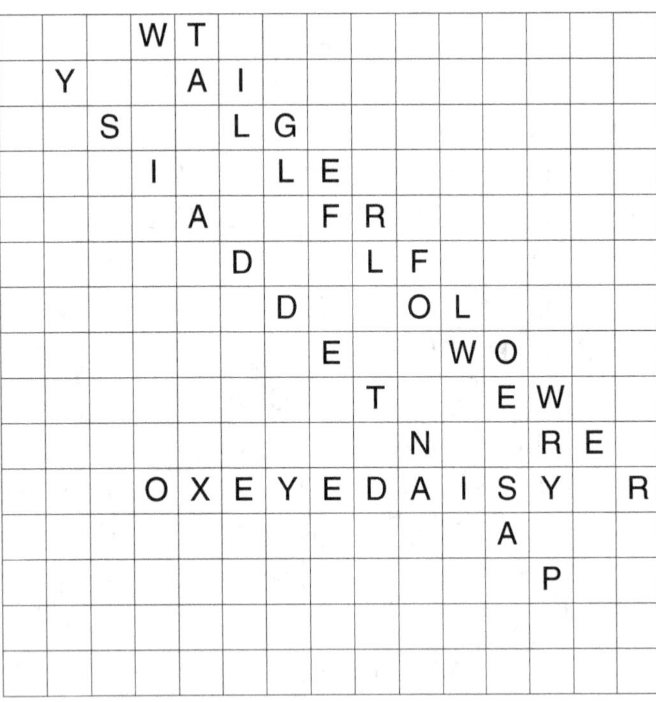

FRUITS
Puzzle # 26

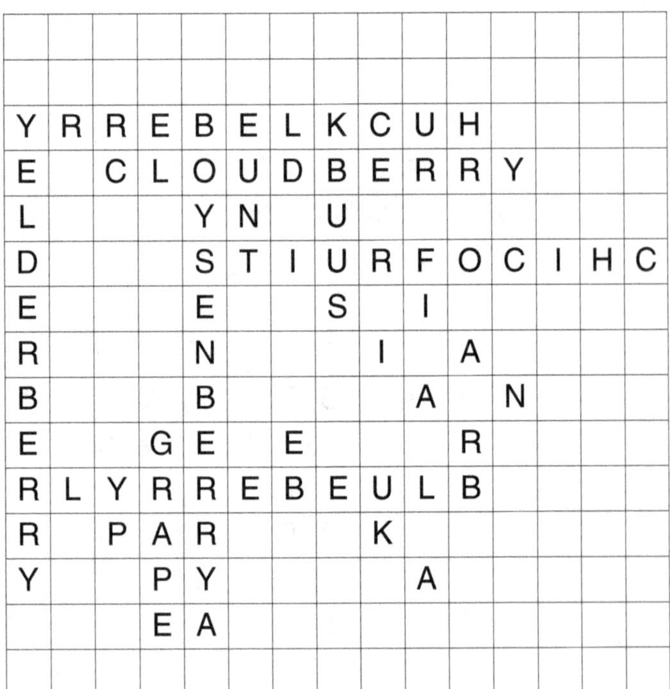

FLOWERS
Puzzle # 27

FRUITS
Puzzle # 28

FRUITS
Puzzle # 29

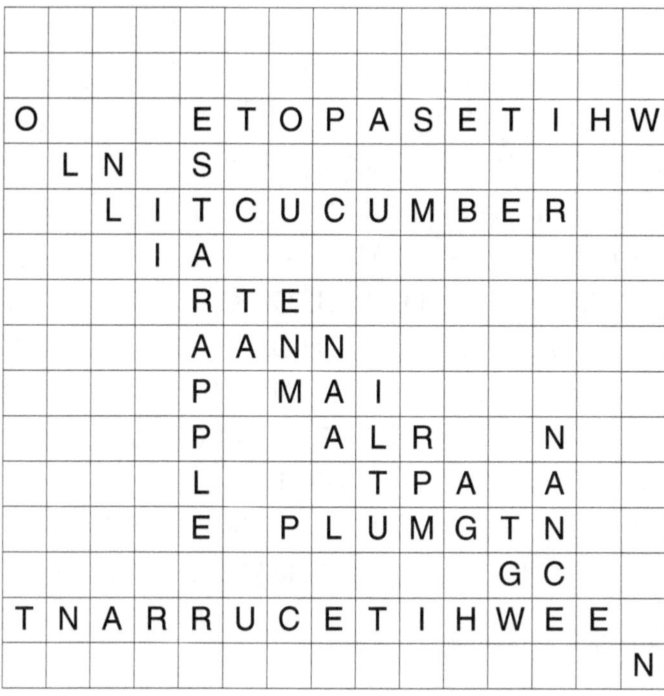

TREES
Puzzle # 30

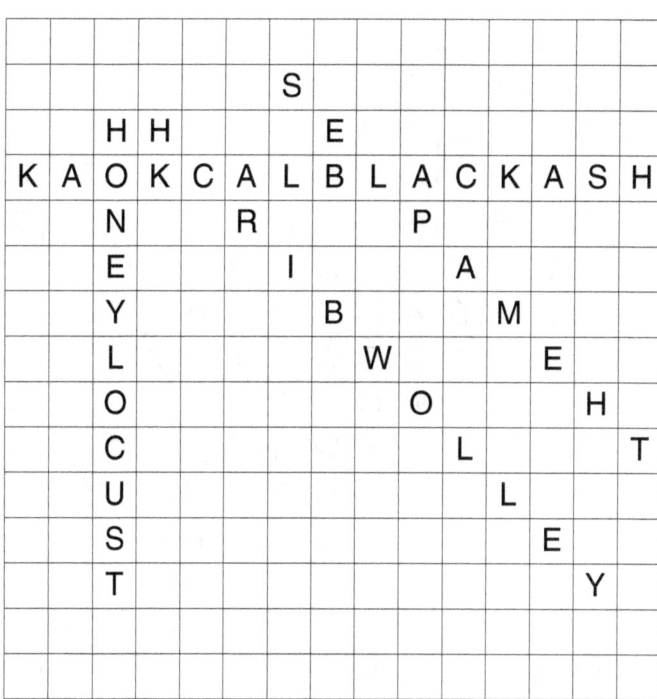

FLOWERS
Puzzle # 31

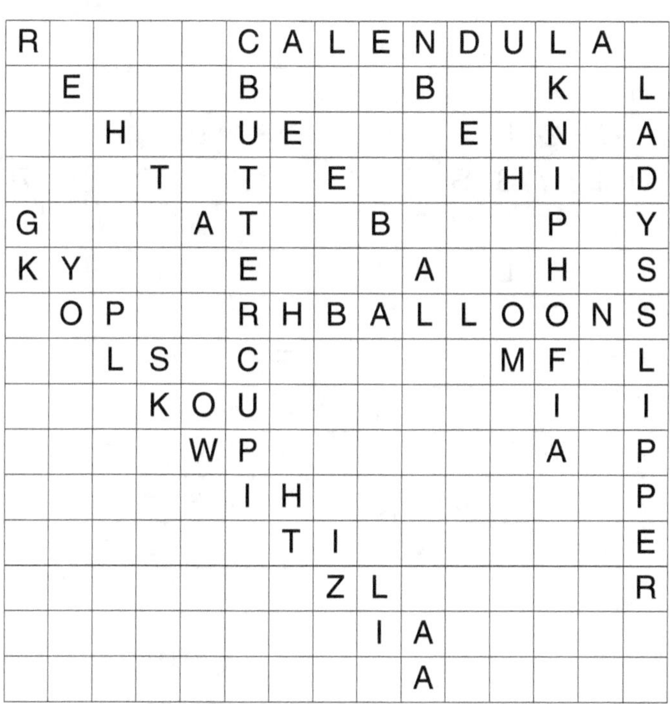

FLOWERS
Puzzle # 32

TREES
Puzzle # 33

FLOWERS
Puzzle # 34

VEGETABLES
Puzzle # 35

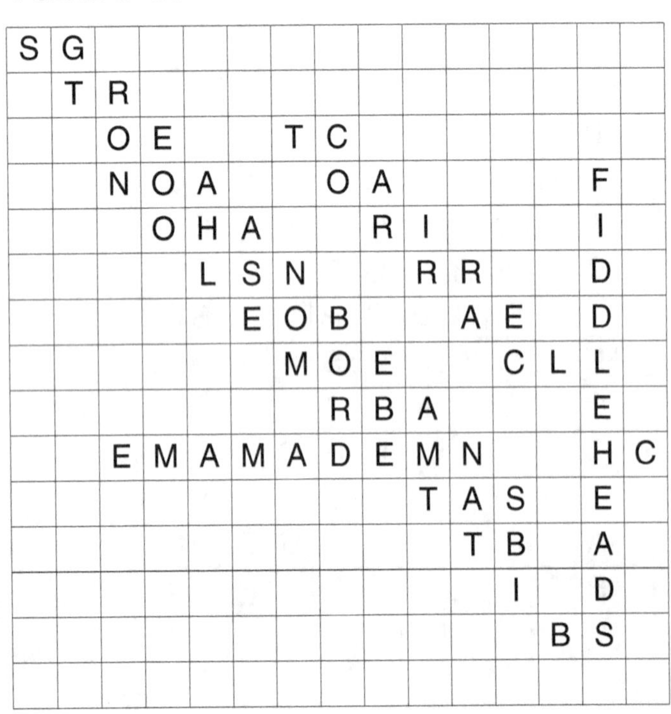

FLOWERS
Puzzle # 36

FRUITS
Puzzle # 37

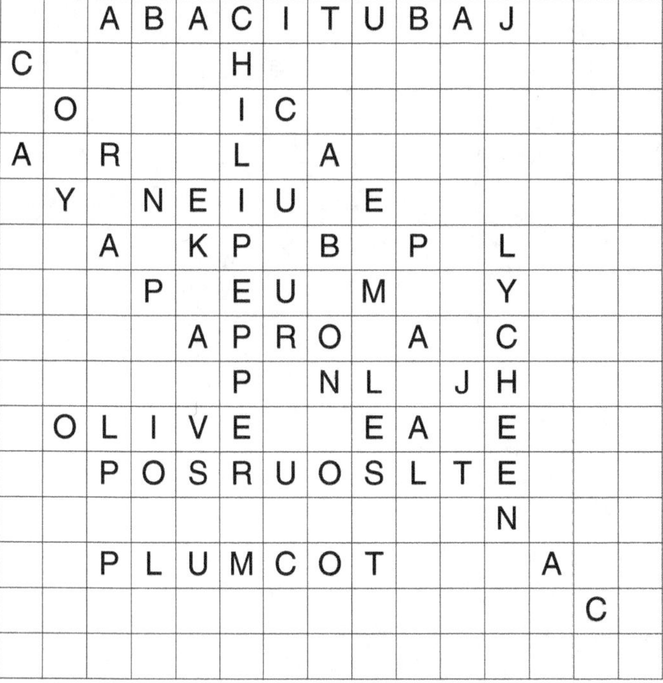

PARTS OF A PLANT
Puzzle # 38

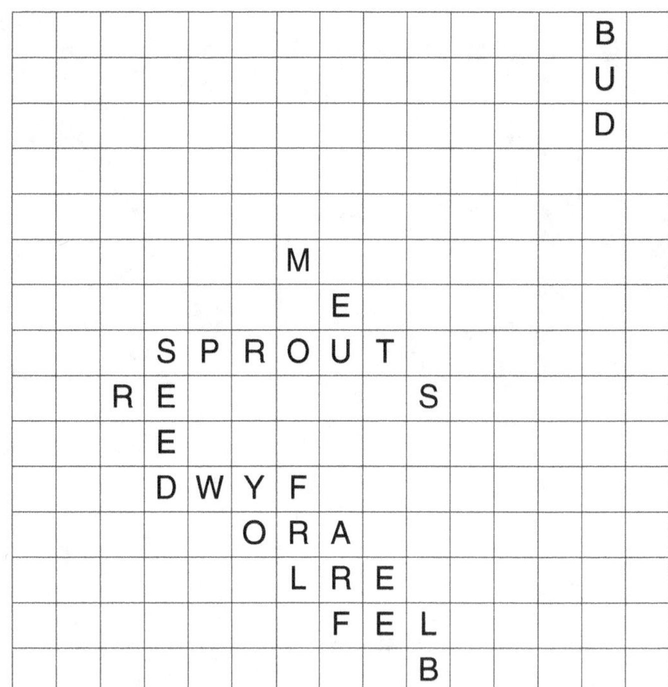

FLOWERS
Puzzle # 39

PARTS OF A TREE
Puzzle # 40

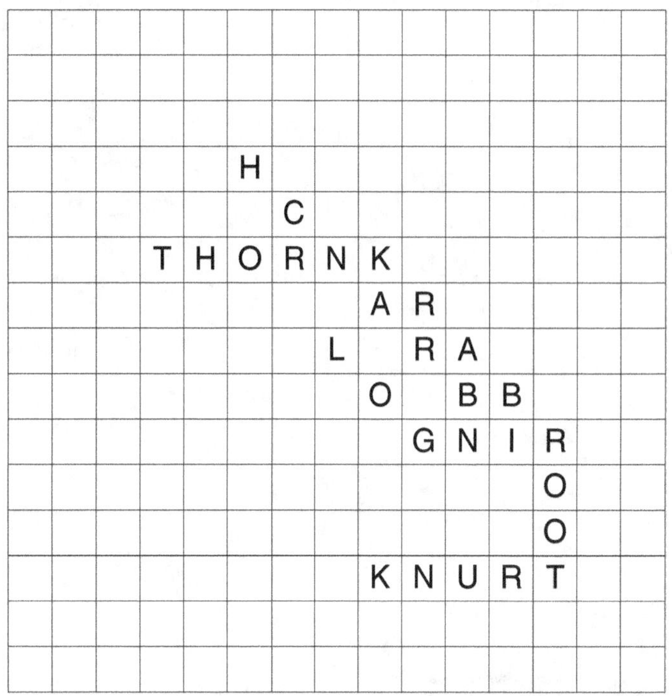